상수리나무 책방

김춘기

시인의 말

고향집 상수리나무 연둣빛이
유난히 지루하고 서러운 봄날이다
항상 더디고 서툴기만 한 시간이
속절없이 흘러간다

당신에게 소소한 안부와
다정한 위로 한마디 건넬 수 있어서
참 다행이다

혹시 내가 알지 못한
미안함 고마움이 남아 있다면
이 시집 한 권 건네고 싶다
그리고 묵묵히 한 걸음 더 나아가 보겠다

2025년 봄날
김춘기

상수리나무 책방

차례

1부 아궁이 신발장

대화	11
저녁의 감촉	13
조문객을 받다	15
작은 미나리 밭을 생각했다	17
녹두밥	19
아궁이 신발장	20
노래자의 가을	22
둠벙배미전	23
고저무	24
홈런왕	26
느티나무의 유래	28
슬픔이 슬픔이지 않게	30
과객	31
데드볼	32
어떤 안부	34
낱말 찾기	35

2부 내곡, 싸리꽃 피다

숲을 거닐다	39
청춘수필	41
내곡, 싸리꽃 피다	43
검객을 위하여	45
수다	47
우산전	49
파묘	51
감각의 제국	52
12월	54
나무로 잠들다	56
새벽 산행	58
다른 언어를 사용하다	60
간진 바위	62
어떤 귀향	64
지렁이	65

3부 밥 한번 먹자는 말

사천오백 원	69
그들의 생존법	70
복수초 연대기	72
봄 바다는 전설로 남는다	73
희망의 다른 말들	75
조롱이의 추억	76
봄눈	78
잘못 든 길	80
오 불쌍한 것들	81
그 황홀한 피폐함에 대하여	83
퇴근길에 길을 잃다	85
목숨	87
우문현답	88
살아야 하는 부끄러움이여	89

4부 웃어 주고 그랬어

폐광지	93
해탈	94
돈키호테를 읽는 새벽	96
열하일기	98
청평역에서	100
강진을 꿈꾸며	102
저어새 도시를 걷다	104
안부를 묻거든	106
철없는 것들	108
궁여지책을 위하여	109
눈	111
자화상	113
의자	114
참 늦은 사랑	116
피장파장	118
시골 버스 정류장	119

해설

불연속성에서 연속성으로 가는 다른 언어	120

―이병철(시인·문학평론가)

1부
아궁이 신발장

대화

어머니는 툇마루 벽장에
항상 소주 대두병을 넣어 두셨다
지나는 길에
인기척도 없이 들르시는 외할아버지

툇마루에 걸터앉으면 어머니는 조심스럽게
소주병을 꺼내서 제단에 술을 따르듯이
투박한 사기잔에 술을 가득 따르셨다
단숨에 소주를 쭉 들이켜시고
안주 한 점* 놓기도 전에
잔뜩 화난 사람처럼 온다 간다 아무 말 없이

사립문 저만치 뒤로 하고 가시곤 하셨다
위암이다 위궤양이다 큰 수술을 받으시고는
술 마시면 돌아가신다고 모두 득달했지만
어머니의 술 따르기는 계속되었다
십수 년 후에도 벽장의 소주병은
지금 외할아버지가 마신 술병처럼 그대로였다

어머니는 소주를 새로 들여놓으시곤
대두병에 가끔 마른 행주질을 하시었다
어느새 상감 무늬의 술잔도 들이셨지만
더 이상 술잔이 사용되지는 않았다

*전라북도에서 쓰는 '점'의 사투리

저녁의 감촉
—아버지의 겨울

철 지난 상흔이 유난히 가려운
겨울밤,
누군가를 기다리다가
지친 도깨비 얼굴을 하고
떠가는 낮달이 겹쳐진
느릿한 별이 보였을 때
순간 저만치 긴 불빛
몇 해 전 죽은 형님이 보이는구나!

유난히 부드러운 눈발 산과 들을 모으고
꽁꽁 언 홍시를 지붕에서 꺼내와
물속에 담그면 가지런한 시간의 흔적들
여린 입김 속으로 아련한 얼굴 하나둘
윗뜸 형님이 더 보고 싶구나!

온몸을 얼음으로 감싸는 추위로
지푸라기 한 다발 매질을 하고
아궁이 속 고구마 틱틱 소리를 내면

새끼를 꼬고 가마니를 짜던
어질어질 희미한 기억들이
가는 길 풍족하여라

파리한 새벽 자리끼마저 얼어붙고
문풍지 따라 올라오던 매캐한 연기
똑똑 나뭇가지 부러지는 소리
어느새 방이 다시 뜨듯해지면
새벽잠이 스르르 밀려올 때
툭툭툭 아버지의 옷 터는 소리
헛기침이 깊게 울리면
알 수 없는 신호음이 되어 가슴 누르다

조문객을 받다

이쯤에서 아침이었던 것 같은데
점점 아침을 알 수 없었다
다시 시작된 어둠은
그 꼬리가 길고 시려서
찬비가 내렸던 것도 같다
어렴풋이 언젠가 그때를 닮은 듯
순간 내 몸은 껍질처럼 덜덜거렸다
많기도 해라 저기 풍경들
무심했던 길마저 희미해지는구나
많이 그리울 거야
까무룩 잠이 들기도 했다
영원히 깨지 않을 듯
점점이 밝아졌다가 흐려졌다가
언제였던가 그 얼굴들 내 곁에 있었던가
아침의 어둠으로 참 편안한 하루가 되었다
그만큼 나의 일은 줄어든 것이다
좀 더 게을러도 되는 날이다
나를 제외한 그 모두는

다소의 슬픔과 약간의 상실을
각자의 몫만큼 한동안 삭혀야 하리라
이제는
나와는 전혀 관계없는 일일 것이다

작은 미나리 밭을 생각했다

작은 미나리 밭을 생각했다
약속은 내내 돌고 돌아
기억이 먼 곳으로부터 돌아와
온몸이 더욱 아득해질 때

고향 집에서 봄비를 맞다가
문득 작년 장마에 떠내려간
작은 미나리 밭
봄비는 계속 이유를 묻지 않았고
하릴없이 찾아드는 통증

몸을 더욱 견고하게 감싸고 있지만
까닭 없는 서늘함
손톱만 한 미나리 싹에 울컥
한 줌 위로가 남아 있었다
봄비가 굵어지고

입구를 찾지 못해 비를 맞는 무늬들이

점점 짙어가는 즈음
오늘은 유난히 긴 하루여서
참 다행이다
먼 곳의 그들도 다행한 일이 많아지기를

녹두밥

싱크대에 유난히 흘린 녹두를 보며
그것들의 개수만큼 어머니의 나이를 센다
조금씩 흐려졌을 눈과
조금씩 어둔해졌을 손끝이
작고 푸르스름한 녹두의 색깔과 무게를
이제는 당신의 눈과 손이 건사하지 못하고
얼마 남지 않은 삶을 흘려보내듯
몇 개 남은 녹두로 지은 밥을 먹으며
흐릿하고 아득해진 녹두를 보며
기꺼이 애써 명랑한 식사를 하였다
내년 녹두는 다소 실했으면 좋겠다는
말을 하려다 황급히 삼켰다

아궁이 신발장

밤새 눈 내려 소복하게 쌓이던 날도
문고리 쩍쩍 달라붙던 아침에도
신발은 항상 따끈따끈했다
검댕이 묻은 신발은
눈 위를 걸을 때면
까만 발자국을 만들곤 했다
둥굣길을 따라나선 누렁이도
검은 발자국을 연방 들여다보았다

한겨울 내내 우리 집에는
아궁이 신발장이 생기곤 했는데
꽁꽁 언 강추위에도
신발은 가끔 고무 탄내가 나기도 했다
발가락이 아프도록 시려야 할 때
오히려 신발이 뜨거워 신지 못했다

새벽 군불을 때신 아버지는
온 가족의 신발을 아궁이에

가지런히 넣으시곤 했다
점점이 피어오르는 연기가
고즈넉한 새벽하늘을 가르면
아궁이는 점점 성전을 닮아 가고 있었다

노래자*의 가을

늘그막한 가을 풍경 사이로
새삼스럽게 애기나팔꽃이 시들고
강아지풀은 의미 없는 위로를 찾다가
가을 햇살의 다독임에 마지막 허기를 채우는데
바타버린** 들깨 몇 개 생경하게 흔들리고
아들의 어색한 키질을 보고 있던 늙은 어미는
파안대소하다가 느릿한 가을 한때를 닮은
더욱 느린 동작으로 위태로운 키질을 한다
꼬리 잘린 고양이는 위태로움을 핑계로 긴 하품을
하는데
문득 노래자의 이야기를 생각하며
더욱 우스꽝스러운 키질을 하다가
공중에 사라지는 긴 그림자들
서러움이 젊은 엄마를 데려오기도 했지만
무심한 노래자의 가을은 더욱 위태롭게 흘러간다

---

* 늙은 부모를 즐겁게 해 드리려고 칠십이 넘은 나이에도 색동옷을 입고 재롱을 부렸다는 일화가 전해진다.

** 전라북도에서 쓰는 '물기가 없고 바스러질 정도로 마른 상태'의 사투리.

둠벙배미전傳

지독한 가뭄이 지나간 여름
마을 사람들은 둠벙배미를 이야기했다
논에 물이 항상 넉넉하여 덤벙덤벙
유난히 거머리도 많고
미꾸라지도 쏠쏠한 논
모 심고 나면 떠다니는 모 둥둥
대학 간 아들 뒷바라지로 팔아 버린 둠벙배미
당신이 젊었을 때 험한 소리 듣고 샀던 논
자다가도 벌떡 일어나 논 한번 둘러보다가
'떡 본 김에 제사 지낸다'고
어두운 새벽에 논으로 덤벙 들어가
논일을 하면 지나던 동네 사람
이런 꼭두새벽에 일하는 사람 있을까 싶어
'둠벙배미에 귀신이 있다'
아담한 둔덕을 끼고 돌아 움쑥한 둠벙배미
이젠 우리 논이 아니다

고저무

그의 본명은 고경석이다
유난히 도수가 높은 안경을 쓰고
적당한 대머리에 알맞게 살이 찐 그는
쉬는 시간과 수업 시간이 따로 없는
음악 수업을 했다

하루 내내 음악실에서 수업이 이어지고
종소리에 맞추어 학생들은 번갈아 오가고
한 시간 내내 음악을 감상할 때는
오페라의 주인공처럼 아리아를 열창하다
어느새 악기들을 닮아 가는 표정에
한바탕 웃음으로 음악실은 들썩이고

신들린 듯이 허공에 지휘봉을 휘두르며
갑자기 심각해진 수업 시간은
거리낌 없이 욕을 하고 술을 마시고
조금 느슨한 연극 같았다

수업이 엉망으로 되어 가는 듯했지만
누구보다 철저한 수업을 연출하였다
이 세상 음악 아닌 소리 없다고……
누구든지 그의 수업을 의심하지 않았다
우리 모두를 낭만주의자로 만드는
그는 뛰어난 공작원이었다

홈런왕

강타자 김봉연은
감독의 사인을 보지 않는다
루 상의 주자도 다음 타순도
생각할 필요가 없다
촌놈이 멧돼지 잡듯
배트 하나만을 들고서는
관중에 웅성거림에 잠시 나왔다가
환호 속으로 쉽게 사라지는
엑스트라 같지만
그는 최고의 강타자다

심판의 권위에 동정을 구하지 않고
주루 플레이의 번잡스러움도
글러브 사용의 까다로움도
안중에 없는
그는 무법자다

자신의 주력을 믿지 않고

동료의 도움을 거부하는
철저한 고립에서
배트 하나만을 섬기는
독실한 유일 신자다

모든 과정을 독식해 버리고
담장 밖으로 넘어가 버린
공의 뒷모습만이
그를 살아 있게 한다
가장 짧은 순간에
가장 많은 환호성을 받는 그는
야구 선수 같지 않은
가장 멋진 야구 선수다

느티나무의 유래

아버지의 간병을 핑계로
서둘러 퇴근을 하고
마당 잡초를 뽑다가
우연히 발견한 손가락만 한 느티나무
세월의 실마리가 섬광처럼 흐른다

나뭇잎 하나하나 어루만지다가
곱게 빗은 햇살을 뿌려 주었는데
병세가 악화되어 아무 말씀 못 했을 때
느티나무는 평화롭게 잔가지를 살랑거렸다

아버지의 몸에서는 하나둘 가지가 나고
아버지의 눈꺼풀은 이파리를 닮아 간다
차츰 나무도 아버지를 닮아 가고
가끔 나도 나무 곁에 누워 본다
나도 조금씩 나무가 되어 간다

아버지는 점점 큰 나무가 되어 가고

나무는 점점 아버지를 더 닮아 간다
아버지와 나무 사이에는
천만년을 그랬던 것처럼
익숙하게 고즈넉한 풍경 하나 떠 있다
느티나무는 어느새 아버지가 되었다

슬픔이 슬픔이지 않게

아들이 자전거가 필요하다는 말에
논흙이 묻은 손으로 읍내에서 구한
투박한 배달용 자전거를 타고
육십 리 길을 달려 아들의 학교 앞에서
자전거를 주고 가려고
이 처절한 노고를 잊기로 했다
육십 리 길을 아들 위해서 신나게 달렸을
장년의 씩씩한 아버지만 기억하기로 했다
그때 아버지는 아버지의 마음으로
기꺼이 행복하게 달렸으리라 믿기로 했다
내내 머물렀던 죄의식 한 줌 덜어내고
나 또한 아비로서 조금의 용기가 생겼다
그때 열정이 열정이게
그때 슬픔이 슬픔이지 않게
애써 믿기로 했다

과객

늙어가는 냇가를 바라보았네
흔적도 소리도 없이 사라지는 풍경이
능숙한 바람에 실려 빙 돌아나가네
낯선 동네 어귀 내내 서 있었네
혹시 알아보는 사람이 있으면
반갑게 인사를 하려고 몇 번 연습을 했네
고즈넉한 대문 사이 오붓하게 펼쳐진 마당
굽어진 골목길 화사한 햇살도 반갑고
지나가던 마을 어느새
눈물 나게 고맙고 포근해졌네
마을 회관 빛바랜 구호가 어지러이 써 있고
초등학교 가는 길 낮게 누워 있네
한참을 말없이 서 있다가
잠시 하늘을 바라보았네
누구의 사연일랑 이제 편안하시라고
당신의 삶일랑 이제 좀 쉬시라고
혼신을 다해 자꾸 기도를 했네
마을 따라 몸이 자꾸 구부러졌네

데드볼

우리 학교 야구부 제일 몸집이 큰 현포
몸집이 커서 불리한 것을 고스란히
수비도 주루 플레이도 형편이 없었다
심지어 빅 맨이 유리하다는 타격도 헛스윙 연발이었다
그래서 우리는 녹슨 현포라고 놀려 댔다
왜 야구를 하는지 모두가 의아했는데
우리는 가장 중요한 사실을 잊고 있었다
야구가 재미있으니까 하고는
덩치에 맞지 않는 해맑은 미소를 짓곤 했다
그가 뛰는 정식 시합은 없었다
그러다가 어쩔 수 없이 현포가 타석에 들어서면
스트라이크 존이 두 배는 커졌는데
물방망이는 허공만 가르는 통에
볼 서너 개면 스트라이크 아웃당하기 일쑤다
어느 날인가 스트라이크 존에 바짝 붙어서
몸을 잔뜩 웅크리고 타석에 서 있는 현포를 보았다
결국 데드볼이 되어서 현포는 환호성을 질렀지만

현포의 반칙으로 처리되었고
감독의 허탈한 웃음 사이로
공중에 흩어지는 현포의 절망을 보았다
볼을 맞고라도 나가야 한다는 절박함을
반칙이라도 해야 하는 허무함이
무겁게 내려앉은 그라운드에는
오직 주전 선수들의 플레이만 계속되고 있었다

어떤 안부

돌아가신 지 십수 년 아직도
당신의 흔적이 곳곳에 머물러 있다
이젠 떠나셔도 될 것을
아직도 미덥지 못해 여기저기를
자꾸 서성이듯 다시 부탁하듯
죄책감을 일깨우듯
나지막한 담장 끝 모퉁이에는
부스러질 듯한 낡은 플라스틱 통에서
짐승의 내장처럼 흘러나오는 온갖 끈들
동네 어귀나 고샅에서 버려지고 날렸을 끈들을
천년만년을 사실 듯 하나하나 모았으리라
각양각색의 끈의 색깔이나 모양처럼
그들에 묶인 사연 또한 그러하리라
이젠 깨끗이 치워야겠다고 다짐했으면서도
다음 장날 좀 튼실한 통을 사야겠다
누구도 사용하지 않을 것을 알면서도
머물러 있던 시간이 기억 속으로 스미는 것을
하릴없이 다독이고 있었다

낱말 찾기

고향집 골방은
항상 나의 낱말들이 놀고 있었다
한 줄기 빛도 없이 눅눅하고
새침하게 드리워진 그곳은
내 인생을 예견하듯이
한층 남루하게 반짝이고 있었다
타임머신을 타듯이 그곳에서는
세월을 훌쩍 거슬러 올라가
느릿한 영화의 한 장면처럼
그 시절 추억 속에 말들과 놀 수 있었다
바닷가 음악이나 열정 한 조각도 있었고
아버지 어머니 사랑이라는 굵은 글씨와
산들을 돌아 냇가에 서서 하는 낙서도 놀고
시련 천명 순리라는 체념도 있었다
몇십 년을 성큼성큼 지나와
다 잊은 듯 저만치 뒷모습만 보이더니
어느새 또 다른 나는 아직까지 여기에 살고 있었다
남은 낱말들은 훨씬 더 온순하고 익숙했지만

더 이상 낱말을 주울 수는 없었다

2부
내곡, 싸리꽃 피다

숲을 거닐다

숲,
숲에는
빛이 나리고
조용히 와 쉬던
어느 것에도 뿌리가 있다

감상할 줄 아는 잎은
언제나 곧 이야기의
뿌리가 있고
그래서
오늘도 숲은 분주하다

가까이 올 수 없는
저쪽의 무엇에게도
숲은 속삭이고
그만큼 숲의 언어는
시가 되어 나린다

이슬이 묻고
어떤 이의 입김이 묻어서
조용히 숨 쉬던 나무는
날개가 나고
그저 춤추며
숲을 노래한다

청춘수필

그해 겨울 해풍에 실려 온 편지로
밤은 내내 고열의 연속이었다
머리는 연일 무겁고 가슴은 터질 듯한
만만치 않은 겨울바람은 끝없이 밀려오고
의미 없는 말 지껄이곤 했었다
남은 상처는 돌처럼 굳어 가는데
아무도 모르게 벼락이 쳤다

만나러 가는 길 햇살 빛나고
강물은 알맞게 흘렀을 것이다
꽃길도 넓게 펼쳐지고
창공에 유쾌한 새 한 마리
천둥처럼 해일처럼
순간에서도 연속적으로
그 잊었던 신호들……
이 저녁 어스름에도
발그레해지던 사물 끝자락들
창문으로 박히기 시작하면

곧 닥칠 다른 세상을 위한 전주곡
온몸이 떨려 왔을 것이다

나지막한 소나무 숲 사이
아직도 또렷하게 남아 있는 낮은 표정들
청춘의 흔적으로 발길을 옮기다
죽음처럼 간절했던 옛 그림자를 보았다
목숨을 버릴 만큼 절실했던 그날들이
여린 바람으로 흐릿한 육체를
조용히 흔들어 보았다
풍경이 하나 툭 떨어졌다

내곡, 싸리꽃 피다

어떤 유식쟁이가 고치는 수고를 했을까?
세상에서 가장 작은 동네 안골이다
'골짜기 안에 있는 마을'이라고

나지막한 산들이 서로 동무하고
철철이 흐드러지는 꽃 사태
사람 사이에도 산들이 누워 있고
안개 그림자 뒤를
또 산이 갖가지 빛깔로 따라오면

꼬불꼬불 산길은 하늘을 닿고
촘촘히 박혀 있는 꽃대 따라
낯익은 풍경이 펼쳐진다

떠나간 그들이 그리울 때면
찬 서리 묻어나는 산모퉁이
어느새 층층이 붉어지고
하늘이 빼꼼히 들어앉은 밤하늘
소원 하나 별똥별처럼 날고 있다

짧은 낮 누런 황소의 울음소리
산머리에 걸려 있고
길 사이 아무도 보이지 않아
밤나무 감나무 온 힘을 다해도
앙상한 가지로만 흔들린다

검객을 위하여

무심코 펴 본 학생 환경 조사서
장래 희망이 '검객'이라
세상의 영웅이라는 이름 세웅이
우리 반 꼴등에 어눌하여
아이들에게 왕따 당하기 일쑤인데
오늘 전학 간다고 인사를 왔다
복장도 제법 단정하고
어울리지 않은 무스를 바르고
마지막 인사도 못하고 우물쭈물하는 세웅이
반 아이들은 눈물을 글썽이며
우레와 같은 박수를 치며 달려들었다
첫 시험이 끝나고 진정 궁금했다
수업을 전혀 받지 않는 운동부보다
성적이 나쁜 이유를 알 수 없었다
매일 공부를 하고도 빵점을 받는 세웅이에게
넌지시 시험 답을 하나 알려주어도
생뚱맞은 답을 제 고집대로 당당하게 쓴다
그래, 곁불은 쬐지 않는다는 단호함으로
편견과 선입견에 찌들어 굳어 버린 마음들과

오로지 숫자로만 표현되는 너희들의 미래와
끝없는 꿈을 옥죄고 있는 낡은 굴레들을
이 세상의 가장 아름다운 검객이 되어
단칼에 훌훌 날려 버려라

수다

조용히 하라고 아무리 말해도
또 떠드는 아이들
벌을 서게 하여도
돌아서면 까르르
무슨 이야기들이 그리 많은지
하루 내내 끊임없이 조잘거린다
다음 시간 다른 반에 또다시
조용히 하라는 잔소리를
한참을 하고 나서야 잠시 조용
지쳐 넋 나간 사람처럼 창밖을 보다가
유명한 교육학자들의 이론일랑
다 까먹은 지 오래
내 분에 나를 이기지 못하고
알량한 교육자적 소양은 저만치 팽개치고
있는 소리 없는 소리 한바탕 퍼붓는다
저 녀석들 언젠가는
저만한 아들도 낳고 딸도 낳고
이 교실 넘쳐나도록

추억을 생각하겠지
그때쯤 선생의 똥은 개도 안 먹는다는
이유를 알겠지
한 줌 그리움에 눈물 나도록
온몸 떨려오겠지

우산전傳

수업 시간에 늦어 허둥지둥 교실에 들어서는데
교실 안은 난장보다 더한 북새통이라
착한 경수 우산이 부서져 없어졌다고
오히려 우산을 잃어버린 경수는 여유롭게 웃는데
매사에 나서길 좋아하는 지철이는 흥분하여 목소리가 높다
처음 우산을 펴 본 장난꾸러기 석현이
옆에서 우산을 당긴 순둥이 민종
함께 쓰자고 달려든 것은 씩 웃길 잘하는 현승이
우산살을 부러뜨린 것은 선도부장 대성이
버리자는 이야기를 맨 처음 한 왕눈이 상우
쓰레기통까지 가지고 간 찍소 지성이
본인에게 물어보고 버리자고 한 껑다리 영중이
옆에 서 있던 새색시 세현이, 학급 대표 정대까지
끝도 없는 우산 이야기는
빗줄기를 세는 것이 쉬울 만큼 복잡한데

공부가 지겨운 녀석들의 소란은 그치지 않고
항상 말 없던 수영이, 무표정한 범수까지 웃는데
조용히 하라는 외마디 화를 내고 돌아섰지만
금세 웃고 마는 스스로에게
녀석들의 모습들이 재미있기만 하다
미운 녀석 하나도 없는 순간
성큼 다가서는 세월의 흔적들
해맑은 미소만 길게 남는다

파묘

며칠 전부터 가물거리던 기억에서 보았다
오래전부터 굳어져 흔들림 없던 지층들
더 이상 그 자리에 둘 수 없어
서재의 한 귀퉁이부터 파묘를 시작한 것이다
사라짐에 어색했던 그들도 이젠
그들만의 이별법을 익혀야 하리라
더 이상 그들이 머무를 수 없다는 것을
텅 빈 무덤이 되어 한낱 흔적으로만 남아
그들의 머릿속에서도 영원히 사라질 것이다
이제는 폐사지의 황량함으로
지금 이곳에서 거리낌 없이
훨훨 더 멀리 떠나가도 좋았겠다
가물거리던 기억들이 선명해진다고 해도
흔적도 없이 사라지는 것이 더 좋았겠다

감각의 제국

떠나지 않는 것들과
떠난 사이의 흔적을 생각했다
비가 와서 문자를 한다거나
바람이 불어서 한층 우울해지면
안개와 공기조차도 내 몸이 되었다
내내 감각의 제국을 꿈꾸어 왔던 것처럼
조잘거리는 한 떼의 아이들과
문득 배가 고파왔을 때
무심코 안녕 나의 감각들이여
빨간 튤립의 꽃말을 기억했던 날
항상 하던 일이라고 했다
목소리에도 내 몸이 부풀어 오르고
환한 웃음이 오늘을 살게 했다
그것은 위대한 착각의 시작이었다
똑같은 단어의 의미는 전혀 달랐고
이제까지의 상식은 지독한 편견일 뿐
모든 느낌은 위선이었고
생각들은 제국에서 온 망상들이었다

열정은 심한 거짓이었고
호감은 지독한 불편일 뿐이었다
굳건한 제국은 흔적 없이 사라지고
남은 비굴함은 어디에 쓸지 도무지 생각나지 않았다

12월

항상 쓰러져 있었네

인사도 하지 못하고
언제나 인기척에 놀라 깨면
어느새 발소리
멀어지고 있었네

지난밤 죽도록 얻어맞는 꿈을 꾸었네
키가 얼마나 자랐을까?
잘 지냈는지
금방 떠난 그들이 그리워지는 걸 보면
겨울바람이 오기 전에 먼저 떠나야 하는가

힘차게 떠들고 하얀 입김을 내뿜으며
달려 나가는 그들을 보면서
한층 더한 절망의 두께는
인사를 연습하네

잘 가거라
부디 잘살거라
다시는 돌아올 수 없는 사실들을
잊으려는 듯이
가볍게 인사를 하네

나무로 잠들다

산처럼 누웠다
소리로 하여 그리움을 배우고
한 점 바람으로 스며들고 있었다

하나둘 잠기어 한 걸음 무거워진
사람들 사이 나름의 언어를 기르고
천형처럼 고요하던 흙 속에
죽음의 흔적들이 편안하다

훌쩍 떠나면
그들만의 나무들이
인고의 흔적을 대신하고
매일 조금씩 견딜 만큼의
고독을 즐기고 있다

비탈에는 항상 어둠이 서고
어느새 귀환을 재촉하는
지워진 산길을 따라 귀 기울인다

끝없는 점으로 이어지는
산 아래 산을 들여다보며
그림자 멀수록 엷게 잠들어
나무 사이 흔들리던 유혹이 날고

먼길 떠날 그들이 먼저 오면
낮게 흐르는 하늘 한쪽
야윈 그리움만 층층이 쌓인다

새벽 산행

산은
우리의 다른 말을 알지 못한다
젖은 산길 위로 하나 남은 불빛
부표처럼 흔들리고

어제 저문 산은 실핏줄로 이어져
가만 들려오는 흐느낌
지워지지 않는 기억들이
걱정으로 다가선다

소리 없는 미로의 출구를 찾다가
원시림 같은 고요가 밀려오면
유리병 속에 넣어 둔
벌레 한 마리
숨을 쉬지 않는다

한 번 더 익숙해지는
절망감은

깨어나서 죽고 죽었다가 또 깨어나는
세상의 문 하나 닫히고 있다

땅 기운 가슴에 차오르고
나무도 빈 몸을 일으켜
부활을 준비하지만
붉은 해 산등성이를
바삐 넘는다

다른 언어를 사용하다

들판 보리는 봄을 위해 쓰러지고
화해하지 않는 것은 너뿐만이 아니다
마당 한구석 뒹구는 낙엽에게도
찬 서리 묻어나는 한 줌의 바람에게도
인사도 하지 않은 채 무너지고 있다
먼 하늘만 바라보다가
이렇게 굳어졌음 좋았을 것을

보리밭 위로 구름의 그림자가 지나며
한줄기 햇볕을 가리지만
떨리던 목소리 자꾸만 떠나고 있다
귀를 잘라낸 화가의 이야기도
눈을 멀게 한 소리꾼의 이야기도
한낱 장식품으로 남는 몸뚱어리
내내 잊었던 한 점 한 점 죽음으로 번지다

이슬방울 지난밤을 애태워 지새우더니
뚝뚝 떨어지는 아침을 보아라

호흡 한 점에도 저리 쉽게 굴복하는 것을
저 물방울이 얼마나 많은 사연을 쌓아야
내를 이루고 강을 이루고 바다를 이룰까

나뭇잎 떨어지는 살얼음 사이로
가지 마라 가지 마라
한순간 머물다가
모든 사람들 흔적 없이 사라져도
익숙한 표정,
다른 언어로 남는다

간진 바위

장수는 참으로 무모했네
자신이 쏜 화살과 말로 경주를 했네
화살을 쏘고 달려와 과녁을 보니 화살이 꽂혀 있었네
지체 없이 말을 베자 그제야 쏜 화살이 날아왔네

물길 돌아 나가던 큰 바위산 말박구석과
갈라진 바위에서 나왔을 법한 간진 바위 이야기는
야속한 장수의 비극에서 출발하였네

꼬불꼬불 꼬부랑길이 얼기설기
아스라이 펼쳐지던 바위들 사이로
이곳저곳 남아 있는
말발굽 모양이 선명하고
목이 베인 말 쓰러진 흔적이 또렷하네

너럭바위들도 이제는 잡목에 묻히고
장수를 꿈꾸었던 그들조차도
기억하지 못하는 전설은

메마른 나뭇가지처럼 여위어
아무것도 잉태하지 못하는
박제가 되어 아련히 떠가네

어떤 귀향

자벌레 같은 충분한 더딤으로
버스에 몸을 넣었다
모두에게 넉넉한 느린 모습이다
유난스러운 겨울 가뭄 탓에
방죽 한가운데 허연 속살이 터지고
어디선가 시작된 낯익은 풍경 떠가는데
낚시꾼 최 씨가 익사한 곳도
방죽 수문으로 역정 내던 김 노인도
물고기를 탐내던 박 씨 아저씨도
버들피리를 곧잘 불던 춘식이도
빛바랜 사진으로 굳어지고
굽이굽이 사연들은 느릿함으로
더욱 고즈넉한 풍경들이
저녁 어스름으로 빠져들고 있다
순간 정지된 고요가
죽음보다 더 짙게 내려오고 있었다
아무도 보이지 않는 먼 들녘은
더욱 처연하게 닮아 가고 있었다

지렁이

온 천지가 물로 가득할 줄 알았다
빗물은 하나하나 신선하고
땅바닥도 더없이 친절하였다는
맑은 공기 한 줌 한 줌 좋았더라

지상의 풍요로움이 가득한 곳곳을
천천히 지나다니기에도 알맞은 몸
모처럼 지층처럼 길게 누웠다가
퇴화된 눈을 찾기도 했다

어느새 햇살이 화살처럼 쏟아지고
몸은 그것들을 다 받아낼 수 없을 때
스멀스멀 굳기 시작했다
익숙할 줄 알았는데
알 수 없는 세상이 왔음을
더듬거리며 슬픔을 익혀야 할 때
조금 나아가 보는 것이 이제는
아무 소용없음을 알기 시작했다

더 이상 움직일 수 없게 된 후
자유롭게 상상할 수 있음이 다행이다
사하라 모래바람처럼 아득함이 이어졌고
저기 화려한 풍광들이 서럽게 떠가는데
어느새 내 몸은 화석을 닮아 있었다

3부
밥 한번 먹자는 말

사천오백 원

시립도서관 매점 사천오백 원 하는 백반이
오늘 나의 가장 호사스러운 일과이다
방학이면 눌러앉아 졸던 시립도서관
제법 널찍한 식탁에 푹신한 의자에
수북한 밥 한 공기와 따뜻한 국물이
참 다정하고 간절했다
식탁의 얼룩처럼 각각의 사연들을
깊은 어딘가에 하나쯤은 삭여 두고
지금은 만찬을 즐기는 시간
슬그머니 다가온 매점 식당 아줌마
따뜻한 계란 부침 하나 더 주시면
갑자기 목이 메듯 물을 들이켜고
어느새 눈가에 촉촉함이 번지는데
사천오백 원 하는 백반이
시립도서관 어떤 책보다 더 철학적이고
어떤 우주보다 더 커 보일 때가 있다

그들의 생존법

때 이른 지독한 가뭄이라고
유월 햇살의 강렬함에 대하여
모두들 호들갑스럽게 거드는 즈음
검달 자갈밭 옥수수는
두 팔을 힘닿는 대로 벌리고
뜨거운 태양을 받아들이고
어두운 밤을 지새우면서
그들의 생존법을 익혀 간다
넓적한 이파리로 물기의 흔적을 모으거나
지난밤에 맺힌 이슬방울도
하나하나 깔때기처럼 모아
뿌리에게 보내나니
뿌리는 더욱 간절하게
중력의 힘을 의지하여
더 깊고 더 넓은
땅속 기미들조차 모아
잎의 갈증을 달래나니
서로가 같은 듯 다른 듯

그들의 생존법은 아득했으나
결코 보이지도 멈추지도 않았다

복수초 연대기

눈과 얼음 채 가시기도 전에
얼음 사이로 얼음새꽃
눈 사이로 눈새기꽃
복과 장수 사이로 복수초
한 줌 햇살에 불쑥 꽃대궁 올린 원일초
겨울빛 사라지기도 전에
먼 곳 어슴푸레한 봄기운 사이로
불쑥 노란 꽃을 밀어 올리는
땅속 덜 깬 햇살조차 고스란히 받고 있다가
얼핏 겨울 햇살 엷어질 때
겨울바람에 놀란 듯 노란 꽃잎들
몸을 부비듯이 모여들어
꽃봉오리처럼 문을 닫았다
꽃과 봉오리 사이로
어름어름 그들의 삶을 찾아가고 있었다

봄 바다는 전설로 남는다

경칩이 지난 오늘
가장 중요한 소식처럼
새벽 바다 비가 내리고
풍경은 한층 짙은 색깔로
땅 기운 두들겨
일제히 비상을 시작한다

보였다
하얀 운동화의 발걸음
사라지는 가로등 사이로
또 한 떼의 목소리
붉은 물이랑 달려 나와
하염없이 어둠을 지우며
아무도 가지지 못한
사랑 하나를 삼킨다

비는 바다를 향해
빠르게 두 손 벌려

굉음 속으로 빨려 나가
주체할 수 없는 사랑의
미치광이였다가
슬픔에 익숙하고
절망을 그리워하는
나락으로 추락한다

내일 밤비 그치고
바다 열리면
제일 먼저 말해 줄
하나하나를 생각하다가
밤바람 씻기운 자리
자라난 아픔으로 용서하지만
울음 가득한 장면 길게 눕는다

희망의 다른 말들

그들이 떠났다는 말을 들었다
오는 사람과 가는 사람
터미널에서 내내 이야기가 떠돌았다
친구는 사경을 헤매고
죽음을 눈앞에 둔 표정은
슬로비디오처럼 비장하다
항상 연습은 미숙하고
여전히 희망은 보이지 않는다
꽃말 하나에도 가슴 깊게 묻어 둔 간절함
내 허파 다 떼어내어도 숨소리는
아직 멈추지 않았다
순간,
공중에 흩어지는 조각들을 보아라
사람들이 돌아가는 자리마다 항상 두려움이
기억상실이라는 이름을 가장하다
스스로에게 용감하게
이별에 위하여 이야기하리라

조롱이의 추억

어느 흐린 날 우두커니로 서서
외롭지 않다고 중얼거렸다
날씨의 그물을 어루만지다가
세월이 빠르다는 말을 의아하게 쳐다보았다

분명하게 말했던 것 같은데
너무 오래될 아련함은 아니었다고
주저하는 지독한 미련들 사이
나는 누구인가

가끔 별이 박혀 있는 모습으로
머물렀던 명랑함들도
외나무다리에서 활을 쏘는 궁수도
너는 누구였냐고
자꾸 물어보고 싶은 나날들이 지나고
문득 그대 생각이 나면

알면서도 들으면서도

낡음으로 전진하는 기특함이여
시력과 청력이 나빠짐을 칭찬하며
연습하지 않음에 대하여 기뻐하며
생각을 없애야겠다는 생각의 깊이 안으로
기꺼이 들어가 보는 흐린 날
상수리나무 책방의 적막만이
마을을 가득 채웠다

봄눈

지난겨울 못내 묻지 못했던
아픈 사랑을 가진 사람은
봄눈의 의미를 알리라
가슴속 다른 이름 새길
비수를 품은 사람은
봄날이 수상하다는 것을
단번에 알리라

차츰 흐릿하게 흘러가는 사이
아무는 듯하던 상처는
다시 근질거리다가
죽은 피가 검게 흘렀다

그때 더딘 아침이 왔고
폭설 주의보가 내리고
모두는 서설이라고 흥분했지만
하늘을 덮고 땅을 누르던
천군 같은 무게로

숨을 쉴 수가 없었다

애써 참아 두었던 일들이
울컥 한꺼번에 밀려와
이것이 마지막 기회다 싶어
떠나지 못한 모두를 어루만지는
무겁고도 애절한 한바탕
봄날 질펀하게 내리는
절망에 익숙한 진혼곡임을

잘못 든 길

창문에 기대어 당신의 그늘을 봅니다
언제인 듯 언제일 듯
당신의 길은 오늘도 여전히
아득하고 멀어서 그만큼 깊습니다
당신은 한사코 아니라고 말했지만
당신으로 먼 나라의 언어를 배웁니다
조금씩 찾아가던 그 길이 이어질 듯 끊어질 듯
참 맑은 날마저도 아스라이 떠오르는
작고 조붓한 숲길인 듯
거칠 것 없이 뻗은 탄탄대로인 듯
여전히 알 수 없는
그 길은 세월을 핑계로
그 흔한 외로움마저도
그 곱고 깊은 그리움마저도
한낱 불편함으로 지워 봅니다
어쩌다 잘못 든 길이라도
오늘을 사는 한 줄 힘이 됩니다

오 불쌍한 것들

하루하루 더러워지는 나는
시를 쓸 수 있을까?
매일매일 영혼을 팔고 있는 나는
시를 쓸 수 있을까
어제도 분노하지 않았고
내일도 걱정 없는 지금
시를 쓸 수 있을까
오직 발정 난 개처럼
충분히 비루한 오늘도
시를 생각해도 되는 것일까?
한 마리 짐승이 되어 울부짖던 날
욕망의 찌꺼기를 아귀처럼 먹다가
흐드러지는 꽃비 사이로
봉두난발 망나니 몸부림인 듯
그 많은 학대를 견딜 수 없어
더 이상 견딜 수 없어
이젠 끝내야 할 때
스스로의 연민을 위한 대답

이젠 정말 끝내야 할 때
오 진정 불쌍한 것들

그 황홀한 피폐함에 대하여

샛길이 시작되는 자갈밭을 지나면
굽은 길, 소나무 몇 그루 참 푸르다
이쯤에서부터 더 숨이 막히기 시작했다
벽돌담 옆에는 적당하게 쓰레기통이 놓이고
화단 등나무가 슬레이트 지붕을 붙잡고
그 아래 창문은 철망으로 덮여 있었다
방충망은 벌레에 적당하게 뚫려 있고
언제나 비릿한 냄새가 머리를 흔들었다
불빛이 새어 나오기도 하고
도란도란 이야기 소리가 들려오기도 했다
간혹 창문 아래에서 다짐했다
혼자라고 겁먹지 마라
후두둑 빗방울 몇 줄기에도 까무러치듯
온몸이 떨리며 몽롱해지는 순간
주체할 수 없이 얼굴이 붉어지다
한참을 꿈같은 시간이 가고
겨우 정신을 차렸을 때에는
모든 것은 아무렇지도 않게 그대로였다

온 하늘을 덮은 수포 덩어리들
숨 쉬지 않는 방법을 알고 있다는 듯
연방 쏟아지는 무호흡 증세
한참을 서럽고 슬픈 후에야
겨우 몇 발자국 떼어 놓으면
낯선 사람의 목소리만 세상을 지배하고
알루미늄 문에는 자물쇠가 견고하다
다시 이 길을 지날 수 없다는 것을 알지만
어느덧
지나온 그 길로 다시 또 지나며
잠시 서 있었던 그 여자네 집 앞
여전히 심한 현기증이 몰려왔다

퇴근길에 길을 잃다

오래된 습관이다
퇴근길은 복잡하고 여유롭다
새롭게 다가온 궁금증들과
분명한 숲길에서 한달음에 걷다가도
미로처럼 엉킨 도시의 거미줄 사이
더 모호한 내 몸을 이끌고
잠시 길이 없어졌으면 하는 지루함이거나
순간 정신마저 잃고 저기 공기를 마셔볼 때
전혀 다른 길이 또 생겨나기도 했다
늘 지나던 길은 없고
항상 새롭고 낯선 길을 간다
그 길 풍경이나 사람의 모습들이
더 낯설고 달라지는 순간들
스스로 길을 잃고 싶었는지도 모르겠다
인기척도 없는 텅 빈 가게를 지나
굳게 닫은 골목들 사이로
퇴근길은 그만큼 멀리 가고 있었다
이 세상에 없는 길을 찾는 척하다가

간절히 길을 잃고 싶었을 것이다
결국 내가 나를 잃고 싶었을 것이다

목숨

염낭거미 자신의 몸을 먹여 자식을 기르고
흡혈박쥐 헌혈로 동료를 살리고
고래는 다친 동료를 보살피려
어선도 어구도 두려워하지 않고
귀뚜라미와 퉁가라개구리의 사랑 세레나데는
포식자를 부르는 노래가 되어
사랑에 목숨을 거네
섣불리 그들의 이름을 저주와 혐오에 엮지 마라
대개의 그것들은 누구를 위해 목숨을 거나니

우문현답

아침에 도착한 부고 문자 메시지
내내 우울하다
나서길 좋아하는 딸내미가 물었다

"아빠! 기분 안 좋아?"
짐짓 둘러댄다는 것이
"응."
아빠 아는 분이 돌아가셨고
돈도 없고
네가 말도 안 듣고……
궁색한 몇 마디 주절거렸는데
말이 끝나기도 전에
딸내미가 말했다

돌아가신 것은 어쩔 수 없고
돈은 벌면 되고
내가 말 잘 들으면 되고……

살아야 하는 부끄러움이여

길은 어둡고 충분하게 침울했다
고운 선과 서글서글한 눈매에
환한 저 표정은 영정과 어울리지 않아
더한 서글픔과 섬뜩함이 묻어나
아련한 통속소설을 떠오르게 하였다
문상을 핑계로 오랜만에 만난 이들은
반갑게 악수를 하고
밥상에 앉아 아무렇지도 않게
술을 권하고 밥을 더 시켰다
죽은 자는 단번에 까마득하게 멀어지고
각자 자신들의 이야기에 바빴다
점점 목소리는 더 높아지고
밤이 깊을수록 묘한 불쾌함이 더해 가고
분주하게 서로의 연락처를 교환하고
또 다른 안부를 챙기며 밤하늘 보았을 때
게걸스럽게 먹었던 오늘의 음식들
또 한 번의 죄를 더했나니
살아야 하는 부끄러움이여

산 자의 불손함이여

4부
웃어 주고 그랬어

폐광지

엷은 산세에 길을 잃었다
없는 길을 걷다가 폐광지를 만나다
이곳은 어딘가 낯익은 모습들
한 줌의 밥이 검게 물들고
곡괭이 짊어진 사람이 흘러갔을
희미해진 갱도를 따라 걸었다
어느새 진저리치도록
하늘거리던 연한 연둣빛 속에서도
줄줄이 건너가는 하얀 그림자들
모두 떠난 골짜기에는
철망태기에 담긴 돌무더기와
앙상하게 남아 이끼에 기댄
시멘트 구조물 사이로
이곳이 폐광지였음을 알리는
묘비명이 서 있다
어느 순간 내 이름의 묘비명이 서는 날
공중에 떠도는 구름 같은 묘비명을 써야겠다
멀고 먼 길 떠나도 아무렇지 않게

해탈

나뭇잎 하나 올려놓은 듯
물소리에 묻혀 있는 듯
깎아지른 듯한 절벽 위로
위태로운 사다리 사이
성암사 가는 길은
한가로운 목탁 소리 산을 채우다

붉은 연꽃 뿌리로 돌아간 늦가을
한 자락 산허리를 돌아
홍련의 유래를 탐하다
하늘이 가까운 땅
홍련의 줄기는 식구를 이루고
가만가만 숨죽이고

애써 오른 길 뒤로
숲길은 더 깊이 나 있고
대웅전 앞 누렁이 길게 누워
인기척에도 미동도 없이

떨어지던 바람 소리를 본다

그림자인 듯 바람결인 듯
덩그러니 빈 하늘로 열려 있고
잔영이 스치면
먼 길을 돌아서 오다

돈키호테를 읽는 새벽

고성 같은 베개로 밤새 뒤척이다가
어렴풋한 새벽하늘 까마귀 떼
광기 어린 울부짖음으로
새벽하늘에 날카로운 선을 긋다
묵은 책을 불현듯 펴 들고
오늘의 아스라함을 알았다

며칠 전 버린 짝이 맞지 않은 그릇을
뜬금없이 다시 가져와
그랬구나, 너에게도 할 말이 있었구나
새벽에 가져온 과거가
아직 못다 한 이야기를 중얼거리는 동안
주머니를 뒤적이듯이 아직 남은 이야기들

풍차를 향해서 달려가는 그대여
오늘의 아침을 꽃길로 만들고
최고의 미인과 명마를 벗 삼아
아직 떠나지 않은 명랑함과

잔인한 환상의 나라에서
양떼 사이를 질주하는 돈키호테 뒤로
늦은 새벽이 묵묵히 따라가고 있었다

열하일기

아침에 보슬비 내렸다지요
조선의 땅 가물거리듯 흐릿하게
꿈들이 점점이 멈춰 있고
오리 대가리 푸른빛* 따라
강물은 밤을 새워 뒤척일 때에도
끝없는 대륙의 전설을 믿는 몇몇
길 떠나고 있었지요

한둔한 지난밤 소나기가 퍼부었다고도 하던데요
어느덧 아침 안개 오천 년 역사를 덮어 버릴 듯
끝없는 비통함이 당신의 목을 조이듯 다가서고
안개비 내리는 들길을 실오라기 잡듯
푸른 돌이 떠돌던 고갯길 처참하게 무너지곤 했다
지요

벌거벗은 광인처럼 벼루와 붓 두 자루 몸에 감고
천길만길 구름 속으로 들어간
산 뒤로 또 물길이 따라가고 있었지요

이름 모를 굽이굽이 서려 있던 이야기들은
용의 머리처럼 휘감기고 솟구치다가 모여들고

천지간 좋은 울음 터라던 당신의 속말은
하룻밤에 벽돌을 쌓고 구들장도 놓고
온갖 귀신과 한밤을 지새우면
홍갑 백기 들판을 달리고
화포가 머리를 쫓아오기도 하였다지요

못내 잠 못 이루던 열하의 하늘 아래
당신이 꿈꾸던 나라 열리기도 했다지요

* 압록강(鴨綠江)은 강물 빛이 오리(鴨) 대가리 푸른빛(綠) 같다고 하여 유래했다는 설이 있다.

청평역에서

핏빛 노을로 쓰러지는
아득한 고정음

땅거미 숨죽여 저편 들어설 때
들깨꽃 안개 속으로 가만히 내려
한두 번의 섬광
침묵 속으로 달리고

다른 여행을 위해
한 점 바람으로 남은 역사가
흐릿한 병증에
초조한 기계음으로 흔들린다

제복의 병사들 절망에 익숙한 모습으로
마네킹처럼 서고
이 땅에 사람 사는 이야기
아무도 하지 않는다

차단기 견고하게 굳은
청평역은
간절한 흐느낌이 공중에 흩어지고
빛나는 톱밥 난로 속으로
빨려 들어가는 사람들의 무언극이
더 큰 색깔로 다가와
모두 떠나 버린
깊은 땅 밑 기쁨을 준비한다

강진을 꿈꾸며

저물녘 느릅나무 숲을 거닐며* 꿈꾸었던
그 나라도 아득한 전설 속에 머물고
피폐한 바람 소리만 굽이굽이 떠 가는데
피바람 속에 가혹한 폐족의 나락에서
땅끝 모양을 닮아 한참을 내려갔을 그곳
모든 헛됨의 가치를 알아 가는 시절
허름한 오두막 노파의 중얼거림이 들려왔다
찰나의 광명도 번개처럼 사라지고
초가집에서 차를 끓이며 바라본
강진 앞바다의 풍경은 늘 막막했으리라
눈앞에 펼쳐진 야생 차밭은
날을 달리하여 서늘함만 쌓였으리라
백련사 홍매화는 아랑곳하지 않고
호젓한 심심함을 즐기는데
결기를 세우기에는 이만한 곳도 없었으리라
조선인이기에 즐거이 조선 시를 쓴다**는
백성을 위해서 사는 자의 도리를 안다는 것이
이런 험난함을 초래하리라 누군들 알았겠는가?

바닷바람 더욱 사나웠던 지난밤에도
흑산도의 형님이 더욱 그립기도 했으려니
늙은이의 남은 유쾌함을 누가 가늠이나 했으랴***

* 다산의 시 제목 유림만보(楡林晚步).

** 아시조선인 감작조선시(我是朝鮮人 甘作朝鮮詩), 다산의 〈조선 시 선언〉 중에서.

*** 다산의 글 중 노인이 가장 유쾌한 일 6가지(老人一快事六首).

저어새 도시를 걷다

어리둥절 저어새 한 마리
온몸에 노고를 이고
가물거리는 표정을 쓰고
이쯤이었던 것 같은데
한참 무엇을 찾는 표정이
다소 숙연하고 불편한 순간
여기는 올 수 없는
가서는 안 되는 길이었는지
자꾸 온 길을 돌아보고
그 자리에서 맴도는 일이
길을 잃고 방황하는 일이
원래 자신의 일이었던 듯
삶의 애잔함이 밀려오는 저녁
그들의 삶에 대하여
나의 먹이에 대하여
누군가의 기다림이나 돌아갈 곳에
생각이 머무는 순간
오늘은 잠시 걷기로 한 것이

내내 빈 곳만을 서성이다가
그 모습을 닮은 먼 시간들
어쩌면 늘 길을 버리고
아득함을 배워 가는 것인지도

안부를 묻거든

그 어느 날
감성사거리를 돌아
우울부동산을 지나
할매국수 옆으로 난 길을 걷다가
혹
환희슈퍼에서 우유를 사고
행복빵집에서 바게트를 사고
자작나무커피숍에서 화집을 뒤적인다거나
또는
새나라전자상가의 철 지난 음악을 듣다가
황금붕어빵을 한입 물고
꼬마문구에서 삼색 볼펜을 고르다가
아마
아내랑 직거래슈퍼에 들러 저녁 준비를 하고
나보다 더 커 버린 아들의 키를 재 보고
나보다 더 엄마를 걱정하는 딸을 보며
시를 쓰거나
바람을 읽고 있거나

빗소리를 감상하고 있으려니

철없는 것들

바쁜 가을걷이를 하다 보면
깻대를 들추거나 고춧대를 뽑을 때
연하디연한 옥수수 싹이나
제법 당당한 고추 싹을 본다
유난히 덥고 습했던 지난여름의 시련에
초조한 마음으로 부지런히 씨앗을 마련하고
먼저 품을 떠난 씨들이
늦장마에 싹을 틔워 한가롭게
가을 햇살 즐기고 있나니
내일쯤에는 닥칠 무서리는 안중에 없고
연초록 나팔나팔 단풍에도 새기고 있나니
또 하나의 가을 풍경 경쾌하게 저물어 간다

궁여지책을 위하여

새빨간 혀 목구멍으로 넘어가는 것처럼
새파란 입술 피나도록 떼어 내는 것처럼
그렇게 처절하게 몸부림치며
너를 부를 일이다
가슴에 돋아나는 비수에 먼저 찔리어
피 울음을 울더라도
기꺼이 얼싸안고 나갈 일이다
밤새워 아침이슬 기다려
숨죽여 흐느끼더라도
눈여겨보아 둔
아침 햇살 고운 곳
길을 따라 들어 볼 일이다
죽을 힘이 없다고 해도
그대를 죽음보다
깊게 빨아들일 일이다
이 층 난로가 켜지고
악몽은 한동안 머릿속에 남아
어디선가 물 떨어지는 소리
한 사람 느릿하게 그 사이를 걷고 있었다

물병은 오색으로 출렁거리고
가까스로 견딘 하나를 위하여
늘 바람으로 서 있는 변명은
층층이 쌓인 그림자로 숨는다

눈

어둡고 끝이 없는 짧은 사선들
꿈들이 멀어져 버린 신호들
하늘의 한 모퉁이 메마름이
언제부턴가 울음을 토해 내고 있었다

하나둘 길이 없어지고
섬광 하나 신호음으로
그들의 울음은 바쁘게
땅 위에 떨어졌다

해방군의 위용처럼
사람들은 놀라기 시작했다
지난밤을 지새운 기세로
조간신문과 공중전화 뉴스까지도
온몸으로 덮어야 했다

이대로 떨어지면 끝인가 싶어서
조심조심 길 위로 누웠지만

어느덧 부활을 이야기하는
주위의 두런거림
다시 지상에서 또 다른 곳으로
떠날 준비를 하고 있었다

자화상

참 아득하고 오래된 길이었다
좋은 겨울 햇살 두둑한 곳에서
양말을 벗고 발을 말리자
내 청춘 한 조각 탈탈 털어서
그때의 폐허라도 불러 보자
굽이굽이 아이가 따라오고
바쁜 듯 청년이 앞서가고
드디어 노인이 혼자 걷는다
빛바랜 사진처럼 한없이 느릿하고
짙은 피곤에 찌든 지독한 남루함으로
저 먹먹한 길을 걷는다
묵묵히 길이 뒤를 따르고
흐릿한 그림자 까닥까닥
까마득하게 멀어진다
내 머릿속에 햇살 한 줌 넣어 두자
가끔은 눈을 감는 것도 좋겠다
내 몸 한 조각 한 조각 떠가도 좋겠다

의자

고향마을 고샅을 지나다
그늘진 돌담에 기대어 선 예닐곱 개의
묘한 표정의 의자를 보았네
색깔도 모양도 각기 다른 의자들은
한때는 주인이었을 또는 앉고 갔을
그들의 삶의 흔적만큼이나
다양한 삶들이 겹겹이 붙어 있었네
고향에 들렀다가
이참 저참 내려놓은 의자들은
앞으로 살아갈 그들의 시간을
한 층 한 층 쌓고 있었네
누구를 기다리듯
세상을 달관한 듯
서럽지도 기쁘지도 않은
항상 그렇게 덩그러니 남아
고향 마을의 분위기를 닮아 가고 있었네
지난 명절과 환절기의 몸살을
자신의 몸에 새기며

아무도 흉내 낼 수 없는 표정을
하나하나 자신의 몸에 담고 있었네

참 늦은 사랑

한 줌도 되지 않을 시선에
모든 것이 날아갔다
항상 가벼움이 일상인지라
별로 당혹스럽지 않았다
삶의 가벼움을
다시 한번 편하게 느끼고
중대한 소식을 기다리는 중이다
보임으로 나타남으로
더욱 고독해진 오늘은
즐거이 공중을 날다
불안해지는 순간순간
모든 것을 믿지 못하고
조금이라도 무거워질 수 있도록
무엇인가를 찾아야 했다
분명 몸집을 불릴 수 있도록
모든 것을 몸에 채우고 싶다
화사했던 그 햇살조차도
갈증으로 다가서는 잔인한 흔적들

몸부림 속에서도 점점
더욱 아득해지는 착함들도
서로를 위로할 그 무엇도 없음을
확인하는 그날 밤도
속절없이 지나갔다

피장파장

내 남편 항상 스포츠에 열광한다
내가 드라마를 보면 경멸의 눈초리로
개연성이니 리얼리티니 있는 소리 없는 소리
매도하기 일쑤이다
열댓 명의 장정들이 아니
수천수만의 사람들이 모여
금을 밟았느니 안 밟았느니
손가락에 볼이 맞았느니 안 맞았느니
볼이 먼저 왔느니 사람이 먼저 왔느니
서로 눈 부라리고 악쓰는 것을 보면
드라마보다 훨씬 쩨쩨한 듯한데
전혀 드라마틱하지도 않은데
내 남편 항상 드라마 씹는 데 열광한다

시골 버스 정류장

천년의 속도로 지나던 벌레는
오랜만에 인기척에 놀라
시간을 껍질처럼 버리고 떠났다
기다리던 버스나 기다렸던 손님들은
하나둘
사소한 통증처럼
아물지 않은 상처처럼
익숙하게 멈춰 있었다
천년이 지나도
벌레의 껍질이 사라지지 않을 것 같았다

해설

불연속성에서 연속성으로 가는 다른 언어

이병철(시인·문학평론가)

오늘날 한국시에서 전통적 서정이 처한 문제는 심각해 보인다. 서정이 그 개념으로는 넋두리나 연민의 정조, 실제 시 쓰기에서는 '선先묘사 후後자아'와 같은 도식적 원리로 잘못 인식되면서 전통적 서정은 유행가나 연서의 대중적 감상성과 구별되지 않는 지경에 이르렀다. 시의 난해성에 대한 반작용이라기보다는 세계, 타자, 독자, 시장과의 손쉬운 화해로써의 소통 욕망이 '읽기 쉬운 시'와 '쓰기 쉬운 시'의 구분을 무너뜨리면서 시의 범속화, 시인의 편재화를 부추기는 상황이다. 백화점 문화센터 체험강좌 수준의 시 쓰기가 서정시로 오도되며 불거진 전통적 서정의 고민 또한 모더니즘의 그것과 마찬가지로 현실과 괴리된 독단적 자아와 주관성의 과잉이라 할 수 있다. 주체가 타자와의 갈등이나 대립 없이 세계와 손쉽게 화해하거나 내면의 고뇌를 거치지 않은 채 함부로 감정을 격발하는 시적 경향이 서정성과 감상성을 등가로 성립하게 하면서 환희 과잉, 슬픔 과잉, 쓸쓸함 과잉으로 넘쳐나는 값싼 감상적, 신파적 시편들을 양산

한 것이다.

그러나 여전히 시의 생산자와 소비자들 사이 신뢰할 수 있는 거래의 지표는 서정성이다. 거칠게 말해서 시의 위기는 서정을 왜곡하고 호도한 '사이비 서정'의 유행에서 온 것이다. "우리 시대를 규정하고 있는 복합적인 타자를 시 안으로 불러들이는 데 시인들이 게으르기 때문"에 서정시의 위기가 발생했다는 평론가 유성호의 진단은 적확하다. 결국 서정시는 현실과의 치열한 조응이나 타자와의 길항 없이 나르시시즘적 자아를 무분별하게 방기하는 지나친 주관성 혹은 자폐성의 문제를 극복해야 하는 것이다.

뜬구름 잡는 소리로 쉽게 세계와 합일하지 않는 시, 과잉된 감상적 수사를 걷어 내고 담백한 여운을 남겨 두는 시가 그리운 이때 김춘기의 시를 읽었다. 참으로 오랜만에 시 읽는 마음에 봄볕이 스며들었다. 그의 시에는 독자보다 먼저 나서서 우는 호들갑이 없다. 담담한 어조로 시간에 풍화되어 가는 기억을 소환하고, 자본 도시의 욕망에서 비켜선 느림과 비움의 미학으로 사람을, 사람 속을, 사람과 사람 사이를 노래한다. 그렇게 유행이나 경향을 좇지 않으면서 관습화된 기성의 서정을 타파하려는 김춘기의 시는 "다른 언어"라는 고유한 방법론으로 서정의 본령을 회복하고자 한다.

들판 보리는 봄을 위해 쓰러지고
화해하지 않는 것은 너뿐만이 아니다
마당 한구석 뒹구는 낙엽에게도
찬 서리 묻어나는 한 줌의 바람에게도
인사도 하지 않은 채 무너지고 있다
먼 하늘만 바라보다가
이렇게 굳어졌음 좋았을 것을

보리밭 위로 구름의 그림자가 지나며
한줄기 햇볕을 가리지만
떨리던 목소리 자꾸만 떠나고 있다
귀를 잘라낸 화가의 이야기도
눈을 멀게 한 소리꾼의 이야기도
한낱 장식품으로 남는 몸뚱어리
내내 잊었던 한 점 한 점 죽음으로 번지다

이슬방울 지난밤을 애태워 지새우더니
뚝뚝 떨어지는 아침을 보아라
호흡 한 점에도 저리 쉽게 굴복하는 것을
저 물방울이 얼마나 많은 사연을 쌓아야
내를 이루고 강을 이루고 바다를 이룰까

나뭇잎 떨어지는 살얼음 사이로

가지 마라 가지 마라

한순간 머물다가

모든 사람들 흔적 없이 사라져도

익숙한 표정,

다른 언어로 남는다

—「다른 언어를 사용하다」 전문

"화해하지 않는 것은 너뿐만이 아니다"라고 말하는 시인은 대상과 섣불리 화해하지 않는다. 상응이라는 상호작용 없이 이루어지는 일방적, 독단적 화해는 진정한 화해가 아니기 때문이다. "마당 한구석 뒹구는 낙엽에게도/ 찬 서리 묻어나는 한 줌의 바람에게도/ 인사도 하지 않은 채" 그는 그저 "무너지고 있"을 뿐이다. 낙엽을 낙엽으로, 바람을 바람으로 그대로 둘 뿐 상징이나 은유를 함부로 씌우지 않는다. 타자를 경유하여, 타물에 기대어, 너를 통해서 나를 확인하는 것은 전통적 서정 원리다. 이 과정에서 타자 대상은 김춘수의 '꽃'처럼 '몸짓'이라는 잠재태의 기의를 상실하고 '꽃'이라는 확정된 기표가 되어 주체의 자기성찰을 촉발시키는 도구로 전락해 버리곤 한다. 하지만 김춘기의 "다른 언어"에서 주체의 감관은 타자와 부딪치는 반동을 거쳐 반드시 나로 돌아오는 완고한 메아리가 아니라 타자의 세계와 그 세계의 다채로운 변주를 있는 그대로 가서 비추는 "한줄기 햇볕"이 된다. 대상에 스스로를 투영해 자신의 "익숙한 표정"을 재확인하는 대신 시인은 "저 물방울이 얼마나 많은 사연을 쌓아" "내를 이루고 강을 이루고 바다를 이룰" 무위자연無爲自然의 세계에 그저 자기 존재를 맡긴다.

> 만나러 가는 길 햇살 빛나고
> 강물은 알맞게 흘렀을 것이다
> 꽃길도 넓게 펼쳐지고
> 창공에 유쾌한 새 한 마리
> 천둥처럼 해일처럼
> 순간에서도 연속적으로
> 그 잊었던 신호들⋯⋯
> 이 저녁 어스름에도
> 발그레해지던 사물 끝자락들
> 창문으로 박히기 시작하면
> 곧 닥칠 다른 세상을 위한 전주곡
> 온몸이 떨려 왔을 것이다
>
> 나지막한 소나무 숲 사이

아직도 또렷하게 남아 있는 낯은 표정들
청춘의 흔적으로 발길을 옮기다
죽음처럼 간절했던 옛 그림자를 보았다
목숨을 버릴 만큼 절실했던 그날들이
여린 바람으로 흐릿한 육체를
조용히 흔들어 보았다
풍경이 하나 툭 떨어졌다

—「청춘수필」 부분

 레비 스트로스에 따르면 인간은 연속적인 자연을 불연속적인 문화로 만든다. 연속성이란 자연의 체계를 말한다. 낮에서 밤으로의 변화라든가 사계절의 순환, 탄생과 성장 그리고 노화나 질병에 의한 자연적 죽음이 이에 해당한다. 문명화 이전의 자연적 연속성 속에서 인류는 발가벗은 채 날것을 먹는다. 레비 스트로스는 미개인이 생물학적 충동으로 단순히 반응하는 '자연'으로부터 그의 사회집단을 기능화하는 '문화'로의 이행과정, 즉 자연적 연속성에서 문화적 불연속성으로의 이행과정에서 나타나는 가장 중요한 특징으로 '금지'와 '억압'을 꼽으며 그것을 통해 인간은 동물과 구별된다고 말했다.
 즉 문명은 금지와 억압이라는 불연속의 질서를 통해 인간을 미개와 야만에서 벗어나 이성적 존재가 되게

한 것이다. 문화적 불연속성은 자연적 연속성보다 우월하다는 믿음이 오늘날 현대문명을 이룩했다. 하지만 과연 그러한가? 문화적 불연속성이 지배하는 현대문명에서 인간은 행복한가? 자연적 연속성이 야만이고 미개함이라는 것도 근대적 이성의 오만한 규정에 지나지 않는다. 라캉은 사회적 규칙, 언어 체계, 법, 질서로 이루어진 문명사회를 '대타자'라고 칭했다. 사람들은 대타자 안에 완벽한 의미나 절대적 진리가 있을 거라고 믿는다. 하지만 대타자 안에는 완벽한 진실도, 완전한 의미도 없다. 언어의 불완전함, 현대적 법의 사각지대, 기술문명의 폐해, 갈수록 심화되는 혐오와 대립 등 대타자에는 여기저기 구멍이 뚫려 있다. 라캉은 이것을 "대타자의 결여"라고 불렀다.

위 시에서 화자는 지상의 햇살과 강물과 꽃길 그리고 창공의 새와 천둥, 바다의 해일을 "만나러 가는 길"이다. 그것들은 모두 "순간에서도 연속적으로/ 그 잊었던 신호들"이라는 자연적 연속성의 리듬 안에 있다. 화자는 불연속성이 지배하는 문명사회에서 "잊었던" 연속성의 신호들을 기억해 내면서 "나지막한 소나무 숲 사이"로 가 "또렷하게 남아 있는 낮은 표정들" 즉 미시적 자연과 합일을 시도한다. 다시 레비 스트로스에 의하면 신화가 문명으로 발달하는 과정에는 불연속체계가 개입해 왔다. "대부분의 창조신화나 기원신화는 원초적인 총합에서 일부를 분리시켜 불연속체계를 만드는 과정"이라고 그는 말한다. 여기에는 "부족의 창시, 씨족의 분리, 빈부의 차이 등 사회적으로 차이성을 갖게 하"는 작업이 수행된다. "연속을 불연속으로 만들어 차이성을 갖게 하는 것"이 바로 문명의 구조다.

자연적 연속성은 바로 이 차이성을 무화한다. 충동이나 욕망에 있어 단절과 거부가 없는 상태가 연속성이다. 조르주 바타유는 에로티즘을 지배하는 것이 연속성과 죽음에 깃든 매혹이라고 설명하면서 인간은 자아와 타자로 구별되는 불연속성에 속한 개별적 존재이지만 죽음이나 에로티즘을 통해 그 존재의 단절된 경계를 초월한 연속성을 경험하려 한다고 말했다. 위 시의 화자는 연속성이 유지되는 자연 속에서 "목숨을 버릴 만큼 절실했던", "죽음처럼 간절했던 옛 그림자"를 회복한다. 바타유에 따르면 "사랑에 빠진 사람은 그가 사랑하는 사람과의 육체적 결합과 심정적 결합을 이루면 불연속적인 그들이 완전한 융합에 이르고, 그러면 그들이 연속성을 얻을 수 있으리라고 생각하는"데 그것은 결국 '작은 죽음'인 에로티즘의 실행으로 이어지게 된다. 격렬한 죽음이 불연속적 존재에 파열을 초래하듯 에로티즘 역시 상이한 사물들이 뒤섞이는, 불명료한 곳으로 우리를 인도한다. 그리하여 잠시나마 우리를 찰나적 죽음을 통한 영원성, 연속성에 도달하게 한다.

화자는 이성과의 성적 결합이 아닌 자연과의 합일을 통해 '작은 죽음'을 체험한다. 이때 자연과의 합일이란 자연의 연속적이고 순환적인 질서를 내면화하는 것을 의미한다. 그때 비로소 문명화된 자아인 '나'가 지워진다. 화자가 그 자신의 "흐릿한 육체"를 경험하는 것은 인간중심의 근대적 이성이 무화되고 자기 존재가 자연의 일부로 흡수 및 동화되었음을 의미한다. 이러한 점에서 김춘기의 시는 포스트모던적이다. 자연과의 합일을 노래하는 생태 담론은 전근대로의 회귀가 아니라 탈근대로의 전진이기 때문이다.

> 떠나지 않는 것들과
> 떠난 사이의 흔적을 생각했다
> 비가 와서 문자를 한다거나
> 바람이 불어서 한층 우울해지면
> 안개와 공기조차도 내 몸이 되었다
> 내내 감각의 제국을 꿈꾸어 왔던 것처럼
> 조잘거리는 한 떼의 아이들과
> 문득 배가 고파왔을 때
> 무심코 안녕 나의 감각들이여

빨간 튤립의 꽃말을 기억했던 날
　　항상 하던 일이라고 했다
　　목소리에도 내 몸이 부풀어 오르고
　　환한 웃음이 오늘을 살게 했다
　　그것은 위대한 착각의 시작이었다
　　똑같은 단어의 의미는 전혀 달랐고
　　이제까지의 상식은 지독한 편견일 뿐
　　모든 느낌은 위선이었고
　　생각들은 제국에서 온 망상들이었다
　　열정은 심한 거짓이었고
　　호감은 지독한 불편일 뿐이었다
　　굳건한 제국은 흔적 없이 사라지고
　　남은 비굴함은 어디에 쓸지 도무지 생각나지 않았다
　　　　　　　　　　　　　　―「감각의 제국」 전문

"오로지 숫자로만 표현되는 너희들의 미래와/ 끝없는 꿈을 옥죄고 있는 낡은 굴레들을/ 이 세상의 가장 아름다운 검객이 되어/ 단칼에 훌훌 날려 버려라"(「검객을 위하여」)라고 말하는 시인은 "숫자"와 "굴레"로 대표되는 현실원칙의 불연속성이 지배하는 신자유주의시대 도시 문명을 벗어날 것을 요구한다. 그러면서 기성의 관습과 욕망을 재현하는 수단인 대타자의 언어를 버릴 수 있는 한 방법론으로 "산은 우리의 다른 말을 알지 못하"(「새벽 산행」)는 새벽 산행을 제시한다. 문명화된 불연속성의 언어로는 자연대상물인 산과의 교감을 이룰 수 없다. 그러므로 산에서는 연속성의 언어를 사용해야 하는데, 그것은 바로 침묵 그리고 시다. 시인에게 새벽 산행은 단순히 자연으로의 귀환이 아닌 시 쓰기의 구체적 실천이다. "그만큼 숲의 언어는/ 시가 되어 나린다"(「숲을 거닐다」)는 것을 시인은 이미 알고 있다. 즉 자연적 연속성의 회복은 시를 통해 이루어지는 것이다. 시인이 "떠나지 않는 것들과/ 떠난 사이의 흔적을 생각"하면서 "빨간 튤립"의 "꽃말을 기억"해낼 때 대타자의 결여된 언어로는 도달할 수 없던 "느낌", "생각들", "열정", "호감" 같은 실재가 생생하게 감각되기 시작한다. 그리고 마침내 "목소리에도 내 몸이 부풀어 오르"는 세계와의 동화를 경험하면서 시인은 "안개와 공기조차도 내 몸이 되"는 원시적 아날로지의 회복과 함께 "이제까지의 상식"과 "위선"과 "심한 거짓"과 "비굴함" 등으로 구성되었던 문명적 자아의 폐기를 실행하게 된다.

> 지독한 가뭄이 지나간 여름
> 마을 사람들은 둠벙배미를 이야기했다
> 논에 물이 항상 넉넉하여 덤벙덤벙

유난히 거머리도 많고

미꾸라지도 쏠쏠한 논

모 심고 나면 떠다니는 모 둥둥

대학 간 아들 뒷바라지로 팔아 버린 둠벙배미

당신이 젊었을 때 험한 소리 듣고 샀던 논

자다가도 벌떡 일어나 논 한번 둘러보다가

'떡 본 김에 제사 지낸다'고

어두운 새벽에 논으로 덤벙 들어가

논일을 하면 지나던 동네 사람

이런 꼭두새벽에 일하는 사람 있을까 싶어

'둠벙배미에 귀신이 있다'

아담한 둔덕을 끼고 돌아 움쑥한 둠벙배미

이젠 우리 논이 아니다

—「둠벙배미전(傳)」 전문

    김춘기의 시는 자연적 연속성을 회복시키는 힘을 통해 문명을 신화로 되돌리려 한다. 둠벙배미는 웅덩이처럼 물이 항상 고여 있는 작은 논배미를 뜻하는 전라도 방언이다. 시인은 이 둠벙배미와 관련한 개인적 기억의 한 장면을 펼쳐 놓는다. "유난히 거머리도 많고/ 미꾸라지도 쏠쏠한 논"을 시인의 아버지는 "대학 간 아들 뒷바라지로 팔아 버린"다. "이젠 우리 논이 아닌" 둠벙배미에 대한 가장 애틋한 기억은 논을 애지중지한 아버지가 "자다가도 벌떡 일어나 논 한번 둘러보다가" 하릴없이 "어두운 새벽에 논으로 덤벙 들어가/ 논일을 하"던 장면이다. 그 모습을 본 동네 사람들은 "둠벙배미에 귀신이 있다"는 소문을 내는데, 이 재미난 추억담에서 아버지는 둠벙배미라는 작은 우주와 한 몸을 이룸으로써 인간의 유한성을 극복하고 "귀신"이라는 초월성에 가닿는다. 이는 과거 미당이 질마재 신화에서 농경 사회의 향토적 촌락 문화를 영원성의 근거로 제시한 것을 연상케 한다. 둠벙배미 이야기에는 경전이나 교리가 아니더라도 참선하고 수행하여 깨달음을 얻으면 누구나 신성한 존재가 될 수 있다는 '무설설무법법無說無法法'의 화두가 담겨 있다. 시인의 아버지는 일상의 범속성이 어떻게 신성이 되는지를 보여주고 있다. "젊었을 때 험한 소리 듣고 샀던 논"을 향한 지극히 인간적인 욕망과 소박한 꿈이 그를 신이 되게 하는 것이다.

무엇보다 둠벙배미는 끊임없이 숨 쉬며 변화하는 유기농과 발효의 세계다. 웅덩이는 고여 있는 것 같으나 그 고인 물과 진흙에는 죽음과 부패만 있는 것이 아니라 그것을 자양분 삼아 새로 태어나는 유기물과 미생물이 있다. 둠벙배미는 유기물과 미생물들이 발효와 부패를 거듭하는 조화로운 생태계다. 생명의 징후와 예감으로 우글거리는 태초의 대지이자 삶과 죽음이 상호작용하는 세계, 신생과 소멸의 반복이라는 리듬으로 화음을 이룬 하나의 우주다. 도시 문명의 미친 속도로부터 멀리 떨어져 느린 삶을 영위할 수 있는 곳, 삶과 죽음이 살갑게 이웃하고, 인간과 자연이 조화를 이룬 곳, 나의 죽음마저 흙의 질서로 편입되어 새로운 탄생을 예비하는 과정임을, 자연과 우주의 일부가 되는 통과의례임을 기꺼이 받아들일 수 있는 곳, 그곳이 바로 둠벙배미다.

> 온 천지가 물로 가득할 줄 알았다
> 빗물은 하나하나 신선하고
> 땅바닥도 더없이 친절하였다는
> 맑은 공기 한 줌 한 줌 좋았더라
>
> 지상의 풍요로움이 가득한 곳곳을
> 천천히 지나다니기에도 알맞은 몸
> 모처럼 지층처럼 길게 누웠다가
> 퇴화된 눈을 찾기도 했다
>
> 어느새 햇살이 화살처럼 쏟아지고
> 몸은 그것들을 다 받아낼 수 없을 때
> 스멀스멀 굳기 시작했다

익숙할 줄 알았는데
알 수 없는 세상이 왔음을
더듬거리며 슬픔을 익혀야 할 때
조금 나아가 보는 것이 이제는
아무 소용없음을 알기 시작했다

더 이상 움직일 수 없게 된 후
자유롭게 상상할 수 있음이 다행이다
사하라 모래바람처럼 아득함이 이어졌고
저기 화려한 풍광들이 서럽게 떠 가는데
어느새 내 몸은 화석을 닮아 있었다

―「지렁이」전문

위 시의 지렁이는 둠벙배미에서 기어 나왔으리라. 둠벙배미라는 자연적 세계를 자기 존재의 근원으로 삼고 있다는 점에서 지렁이는 곧 시인 그 자신의 메타포다. 지렁이는 "온 천지가 물로 가득할 줄 알았"다. "빗물은 하나하나 신선하고/ 땅바닥도 더없이 친절하였"던 자연적 연속성의 세계를 경험한 바 있기 때문이다. 하지만 그 "지상의 풍요로움"은 "햇살이 화살처럼 쏟아지"는 현실의 괴로움에 의해 날카롭게 부서지고, 자본화된 문명의 불연속적 질서 속에서 지렁이의 몸은 "스멀스멀 굳기 시작했"다. 지렁이 앞에는 어느새 "알 수 없는 세상이 왔"으며 이제 그는 "더듬거리며 슬픔을 익혀야" 하는 현실원칙에의 순응을 통해서만 "조금 나아가 보는" 생명의 유지가 가능하다. 하지만 그렇게 필사적으로 문명에 길들여져 사는 것이 "아무 소용없음을 알기 시작"한 시인은 자본화된 욕망 속에서 "더 이상 움직일 수 없게 된" 자발적 부적응, 즉 물신주의의 획일화된 욕망에서의 탈주를 통해 "자유롭게 상상할 수 있"는 기쁨을 회복하게 된다.

사람들은 지렁이를 미물이라 하지만 지렁이는 "화석을 닮"은 하나의 우주다. 18세기 조선에도 지렁이처럼 주류 질서와 대중추수주의에서 이탈한 채 묵묵히 자신의 우주를 개척한 이들이 있었으니 다산 정약용과 연암 박지원이다. "저물녘 느릅나무 숲을 거닐며" "이런 험난함을 초래하"(「강진을 꿈꾸며」)는 시인은 "벌거벗은 광인처럼 벼루와 붓 두 자루 몸에 감고" "천길만길 구름 속으로 들어간"(「열하일기」)다. 지렁이가 "어느새 내 몸은 화석을 닮아 있"다고 외칠 때, 시인은 화석처럼 영원할 다산과 연암의 정신성을 내면화한다. 그리고 "다른 언어"로써 마침내 아득한 서정을, "천만년을 그랬던"(「느티나무의 유래」), "아무도 가지지 못한" 실재의 "사랑 하나"(「봄바다는 전설로 남는다」)를 회복한다.

상수리나무 책방
2025년 5월 30일 1판 1쇄 펴냄

지은이	김춘기
펴낸이	김성규
편집	조혜주 최주연
디자인	신혜연
펴낸곳	걷는사람
주소	경기도 용인시 기흥구 동백중앙로 358-6, 7층 (본사)
	서울 마포구 월드컵로16길 51 서교자이빌 304호 (지사)
전화	031 281 2602 / 02 323 2602
팩스	02 323 2603
등록	2016년 11월 18일 제25100-2016-000083호

ISBN 979-11-93412-94-7 04810
ISBN 979-11-89128-01-2 (세트)

* 이 책 내용의 전부 또는 일부를 재사용하려면 반드시 지은이와 출판사의 동의를 얻어야 합니다.
* 잘못된 책은 교환해 드립니다.